Historiarte
Entrelaços da imaginação

Livro Introdutório

Dados Internacionais de Catalogação na Publicação (CIP) de acordo com ISBD

M149h   Machado, Jô

           Historiarte - Livro introdutório / Jô Machado, Maria Cristina Pereira, Elidete Zanardini Hofius ; ilustrado por Shutterstock. - Jandira, SP : Ciranda Cultural, 2021.
           48 p. : il. ; 24cm x 24cm.

           ISBN: 978-65-5500-233-1

           1. Educação. 2. Educação infantil. 3. Arte. 4. Literatura. 5. Literatura infantil. 6. Pedagogia. I. Pereira, Maria Cristina. II. Hofius, Elidete Zanardini. III. Shutterstock. IV. Título.

                                     CDD 372.2
2021-831   CDU 372.4

Elaborado por Vagner Rodolfo da Silva - CRB-8/9410

Índice para catálogo sistemático:
1. Educação infantil : Livro didático 372.2
2. Educação infantil : Livro didático 372.4

© 2021 Ciranda Cultural Editora e Distribuidora Ltda.
Texto © Jô Machado, Maia Cristina Pereira, Elidete Zanardini Hofius
Ilustrações: Shutterstock
Diagramação e projeto gráfico: Ana Dóbon
Produção: Ciranda Cultural

1ª Edição em 2021
www.cirandacultural.com.br
Todos os direitos reservados. Nenhuma parte desta publicação pode ser reproduzida, arquivada em sistema de busca ou transmitida por qualquer meio, seja ele eletrônico, fotocópia, gravação ou outros, sem prévia autorização do detentor dos direitos, e não pode circular encadernada ou encapada de maneira distinta daquela em que foi publicada, ou sem que as mesmas condições sejam impostas aos compradores subsequentes.

Historiarte
Entrelaços da imaginação

Livro Introdutório

Ciranda Cultural

Apresentação

A coleção *Historiarte: entrelaços da imaginação* é constituída por cinco livros que dialogam com o professor sobre a relevância dos livros de histórias para as crianças da Educação Infantil, detendo-se na faixa etária de 6 meses até 4 anos de idade.

A intenção é mostrar que arte e literatura estão intrinsecamente relacionadas, na perspectiva de que a literatura não só é uma arte, como também é propulsora e mobilizadora de outras artes, como o desenho, a pintura, a gravura e a dramatização. Os quatro livros apontam estratégias nas quais a literatura encanta e mobiliza as diferentes linguagens das crianças.

Este livro introdutório é um prólogo que tem como objetivo dialogar com a organização dos demais livros, explicitando principalmente o uso de determinadas propostas existentes em cada livro. Assim, vejamos como ele está organizado.

LIVRO 1
Literatura e bebês: um encontro possível

O livro 1 é destinado aos professores que trabalham com bebês de 6 meses a 1 ano e aborda o papel do professor nas mediações literárias, fundamentadas na relevância do adulto que, ao apresentar para os bebês o encantamento literário, necessita utilizar recursos expressivos que estão presentes em seus gestos, suas expressões corporais e escolhas de materiais. Dessa forma, o livro aponta várias ideias e recursos, como: confecção de personagens, sensibilização para o uso das possibilidades corporais, o papel do professor nas mediações literárias com os bebês, recursos expressivos e comunicativos na literatura, a importância de imaginar, confeccionar e criar, denotando assim a relevância do corpo que imagina e cria.

Sugerimos que você, professor, confeccione **bonecos de luva** para brincar com os bebês a partir das histórias preferidas de cada um deles.

Os bonecos de luva são interessantes instrumentos de aproximação com os bebês, pois produzem um efeito lúdico ao serem manipulados. Quem dará vida, voz, som e movimentos ao boneco é você, e no contato com os bebês surgem várias descobertas.

Sugerimos a produção do boneco de luva com o feltro, porque é um tecido macio, que promove aconchego, sentimento esse manifestado ao bebê na relação que ele criará com o boneco. A partir dessa experiência de criar, você perceberá que muitos outros bonecos podem ser construídos. Escolha materiais diversos para a confecção, crie outros moldes e use cores diferenciadas.

MATERIAIS:

- 1 pedaço de feltro de tamanho 51 cm x 20 cm;
- Retalhos de feltro;
- Kit de costura (agulha, alfinete, tesoura e linha);
- Molde.

MÃOS QUE CRIAM!

1. Dobre o feltro ao meio, transfira o contorno do molde no feltro e coloque alfinetes para segurar.

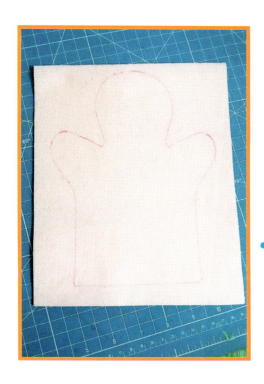

2. Corte em cima da risca feita.

3. Tire os alfinetes e desvire o feltro para que não apareça a tinta da caneta.

4. Utilize os retalhos de feltro para fazer um porquinho, desenhando e recortando o focinho e as orelhas.

5. Escolha qual das duas partes será a frente do boneco e alfinete o focinho.

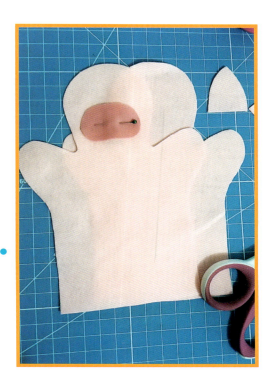

6. Costure o focinho. Aqui utilizaremos o ponto caseado, mas pode ser utilizado qualquer ponto. O mais importante é que fique muito bemcosturado, porque os bebês o manusearão para brincar. Solte sua imaginação e utilize cores diversas, podem ser contrastantes se você quiser que o ponto apareça, mas podem ser da cor do tecido, caso você queira camuflar a costura. Não se preocupe com perfeição na hora de costurar, lembre-se de que estamos construindo um objeto artístico que terá impresso nele toda a sua criatividade.

7. Posicione as orelhas para fazer o caseado do corpinho.

8. Depois de costurar o corpinho, deixando toda a parte inferior sem costura, porque é onde introduziremos a mão, você pode colocar os olhos e detalhes no focinho.

9. Para deixar seu porquinho ainda mais charmoso, vire a ponta das orelhas e cole para dentro. A gravatinha fica por sua conta.

A ideia é trabalhar na perspectiva de acentuar o que mais caracteriza o personagem, mas nada impede que você insira outros elementos.

Utilizando o mesmo molde como base, você poderá criar outros personagens para inserir nas histórias e brincar com os bebês.

Use sua criatividade e crie os personagens preferidos dos pequenos. Caso você não saiba costurar, não se preocupe, pois você pode colar o feltro com cola quente.

Cada personagem criado por você poderá compor a **bebeteca** junto aos livros, transformando esse espaço num lugar convidativo para os bebês, que aos poucos vão reconhecendo os sons e as características dos personagens.

     Brinque também de sombras com as crianças, faça personagens em cartolina e cole um palito de picolé atrás de cada um. Para projetar as sombras, você pode criar um cenário com a caixa que compõe o material. Uma luminária projetará os personagens e certamente encantará os bebês.

LIVRO 2
Descortinar: o encontro da criança com o mundo encantado e seus sons

O livro 2 é indicado aos professores que trabalham com crianças a partir de 1 ano de idade e aponta a relevância da expressão docente para o encontro entre as crianças, a literatura e a música, de maneira a utilizar os elementos da sonoridade como aliados no desbravamento do mundo encantado da literatura. Assim, as histórias serão apresentadas às crianças dialogando com objetos sonoros que permitem a apreciação e o envolvimento corporal, considerando a expressão docente na literatura infantil, o encontro entre a criança, a literatura e a música, e a relação entre a literatura e a música: sons para imaginar e se movimentar.

Desta forma sugerimos a construção do **pau de chuva**!

Esse instrumento musical produz um efeito sonoro mágico, pois quando é manipulado com calma e tranquilidade, suas sementes vão caindo e remetem à sensação dos sons da chuva. É um excelente objeto sonoro que pode acompanhar as histórias que você irá trabalhar, pensando em uma experiência marcante com as crianças.

Ao confeccioná-lo, você terá a oportunidade de criar inserindo suas marcas e impressões num instrumento de percussão.

Vamos criar?

MATERIAIS:

- 1 rolo de papel-alumínio ou papel toalha;
- Fita-crepe;
- 1 retalho colorido;
- 3 colheres (sopa) de arroz (você pode substituir por feijão, tampinhas, contas de bijuteria ou pedrinhas, de acordo com o som que mais lhe agradar);
- Cola.

OBS.: a quantidade de elementos que você colocar no rolo é que dará a intensidade do som.

MÃOS QUE CRIAM!

1. Tampe com fita crepe uma das pontas do rolo.

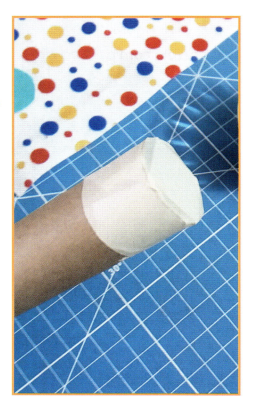

2. Coloque o arroz ou o outro elemento que você escolheu no canudo e feche a ponta aberta com a fita crepe. Passe duas camadas de fita adesiva em toda a extensão para vedar bem.

3. Agora decore com sua estampa favorita. Passe cola e cubra o rolo com papel, tecido, feltro... O que você quiser. Use a imaginação!

4. Agora é a parte mais importante! Você precisa afinar o som do seu instrumento! Então, vire-o calmamente, ouça se os ingredientes caem devagar e sinta se o som é agradável aos seus ouvidos. Caso haja necessidade, você poderá abrir o instrumento e dosar a quantidade de ingredientes.

Além da sonoridade, é importante investir no visual ao trabalhar com os bebês. Você pode, com o uso de maquiagem facial, fazer caracterizações. Use maquiagem que não agride, como pasta d'água e pancake. Você pode desenhar focinhos, bigodes de um personagem e o que mais sua criatividade permitir.

Para a sugestão a seguir, faça um contorno com lápis de olhos preto, depois preencha com o restante da maquiagem.

A maquiagem se completa com os efeitos sonoros e corporais do personagem. Lembre-se de que os bebês estão em pleno processo imitativo, e aos poucos você perceberá que eles tentarão imitar as suas composições criativas corporais.

Você pode também criar personagens de mesa, como mostram as figuras a seguir. Crie sons e brincadeiras utilizando-os.

LIVRO 3
Contos de fadas e outras histórias: um passeio pelo imaginário infantil

O livro 3 é destinado ao trabalho do professor com crianças a partir de 2 anos de idade e indica as maneiras como os clássicos podem ser apresentados e reapresentados. Nessa dimensão, os personagens dos contos são trabalhados tanto na forma animada, ou seja, por meio de bonecos e fantoches, quanto no jogo pessoal, quando a criança ou o professor se caracteriza como o personagem. A ideia é que se identifique a relação das crianças com os contos de fadas clássicos e outras histórias.

Vamos criar?

Que tal brincar com bonecos de vara? E que tal se a Chapeuzinho Vermelho puder ser um desses bonecos?

MATERIAIS:

- Palito de picolé;
- Canetas hidrocor;
- Lã;
- Retalhos de tecido;
- Cola quente;
- Fita de cetim;
- Botões.

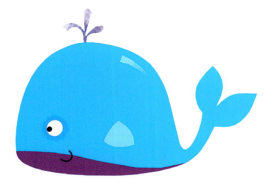

MÃOS QUE CRIAM!

1. Passe a cola quente no palito de picolé, enrole nele o tecido e, com uma fita ou um pedaço de retalho, amarre em volta.

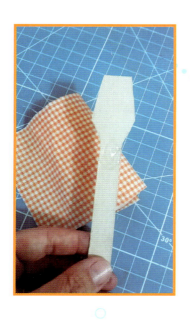

2. Finalize com um laço na parte de trás.

3. Passe a cola na ponta do palito, enrole lã em toda a volta e finalize com uma pontinha de cola.

4. Com as canetas hidrocor, faça o rostinho do personagem.

5. Com um pedaço de retalho, faremos a capa da Chapeuzinho Vermelho dobrando uma das pontinhas do tecido.

6. Junte as duas pontas da capa e cole uma florzinha para finalizar.

Os bonecos de vara são de fácil manipulação e, com esta técnica simples, é possível criar inúmeros personagens das histórias clássicas: Bela Adormecida, Rapunzel, Branca de Neve, Cinderela, entre outros. Outro ponto importante é não se prender apenas ao formato original; a Chapeuzinho não precisa ser somente vermelha, ela pode vestir uma capa de outra cor. É muito interessante mudar alguns códigos preexistentes nas histórias clássicas em conjunto com as crianças.

Crie o cenário de um dos contos clássicos e coloque os personagens representados por objetos variados ou massinha de modelar para que cada criança brinque com a história.

É viável salientar a importância dos sinais e das marcas que são códigos facilitadores das experiências literárias das crianças nas propostas para ler, contar e dramatizar para e com as crianças. O importante é que você eleja esse código, que pode ser uma música, o som de determinado instrumento ou até mesmo uma varinha mágica, como esta a seguir, que você pode criar!

MATERIAIS:

- Graveto;
- Retalhos de feltro;
- Cola quente;
- Tesoura.

MÃOS QUE CRIAM!

1. Passe cola quente na ponta do graveto para cobri-lo com os retalhos de feltro. Faça a combinação que preferir; pode ser colorido, com duas cores contrastantes ou de apenas uma cor.

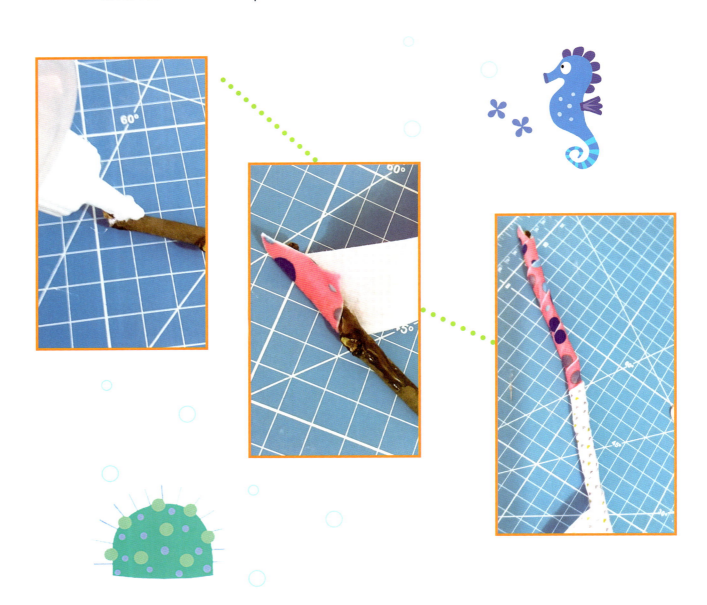

2. Corte duas estrelas e cole as duas partes para colocar na ponta da sua varinha.

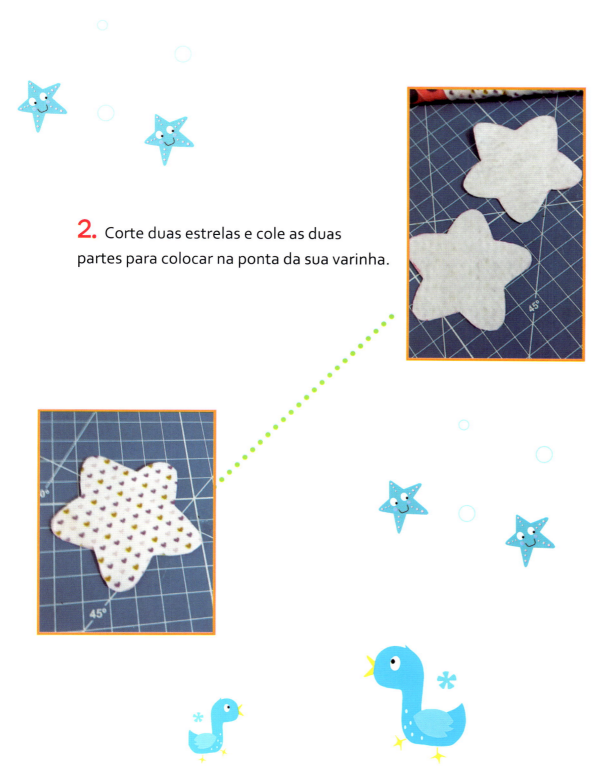

3. Cole a estrela na ponta e a enfeite como quiser.

Pronto, sua varinha mágica fará muito sucesso com as crianças! Ela poderá ser um sinal de que a história começará. Com o tempo, as crianças vão se acostumar com essa ação; então, quando você utilizar a varinha mágica, elas saberão que é a hora da história.

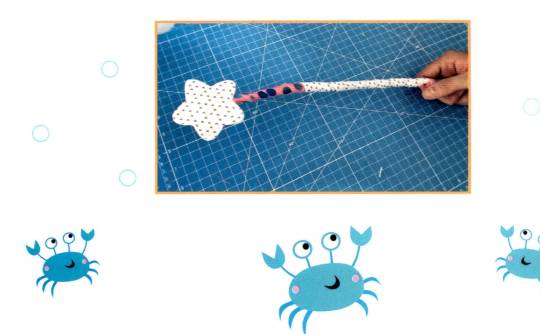

LIVRO 4
Um convite à aventura: brincar e interagir com a história

O livro 4 é indicado para o trabalho do professor com crianças a partir de 3 anos de idade e tem a intenção de apresentar aos professores propostas que possibilitem às crianças brincar e interagir com as histórias. Nessa perspectiva, o professor mobilizará as crianças, utilizando-se de situações ficcionais que se construirão com a participação delas.

O convite à aventura se dará por meio de elementos mágicos da imaginação: pozinho mágico, cartas, personagens lúdicos, busca de tesouros perdidos, etc. possibilitando que crianças e professores sejam personagens e autores em busca de grandes aventuras.

Escreva uma carta da Branca de Neve, bem como as orientações para chegar ao castelo antes de realizar a proposta com as crianças.

Terra do Faz de Conta, _____.

Queridas crianças da turma _____,

Precisei pegar emprestado o livro Branca de Neve e os sete anões, pois quero lê-lo para as crianças que vivem no meu reino. Mas para devolvê-lo, vocês terão que vir buscar no meu castelo. Vocês podem vir, por favor? Para chegar no castelo é só seguir as instruções que estão com o professor de vocês.

Se vocês conseguirem chegar no castelo, haverá uma grande surpresa! Espero que vocês encontrem o caminho!

Um grande abraço,
Branca de Neve

Seguem sugestões para a criação de um tapete mágico e de uma trança.

O TAPETE MÁGICO

MATERIAIS:

- Um pedaço grande de TNT ou tecido da cor que as crianças gostam e onde caibam todas elas;
- Pedaços pequenos de TNT ou tecido de várias cores;
- Cola quente ou fio e agulha de costura.

MÃOS QUE CRIAM!

1. Estenda o TNT ou tecido no chão.

2. Deixe que cada criança escolha um pedaço pequeno de tecido TNT.

3. Cole com cola quente ou costure cada pedaço de tecido.

4. Finalize o tapete conforme a sua preferência e a das crianças.

5. Convide as crianças a subirem no tapete mágico e viajem para onde a imaginação quiser!

A TRANÇA DA RAPUNZEL

Importante: decida com as crianças de que cor será a trança.

MATERIAIS:

- 6 novelos de lã grossa de 40 g das cores escolhidas ou 3 novelos de 80 g;
- Fitas da cor escolhida com as crianças para amarrar as tranças.

MÃOS QUE CRIAM!

1. Dobre o fio da lã de cada novelo, escolhendo o comprimento que preferir. Sugerimos que seja de no mínimo 2 em 2 metros. Você poderá utilizar uma mesa para facilitar o trabalho.

2. Prenda um dos lados com um pedaço do fio de lã, amarre bem e enrole o fio até acabar. Faça o mesmo procedimento com todos os novelos de lã.

3. Corte um dos lados, de forma que você terá um lado da trança sobre a mesa e outro caído no chão.

4. Coloque os dois lados do cabelo da Rapunzel sobre a mesa, marque onde iniciará as tranças de ambos os lados, amarrando com um pedaço de fio da lã e comece a trançar. Trance ambos os lados até acabar as mechas de lã.

5. Amarre um laço na ponta de cada trança.

6. Transforme-se em Rapunzel, brinque com as crianças e convide-as para também serem a Rapunzel.

7. O acessório poderá ficar disponível para as crianças brincarem sempre que desejarem.

Enfim, a coleção *Historiarte: entrelaços da imaginação* é um convite para que você, professor que atua com turmas de Educação Infantil, se sinta autorizado a entrelaçar todos os saberes sobre a literatura infantil e as outras artes. Isso proporciona que a imaginação de todos os envolvidos no encantador processo de aprendizagem e desenvolvimento das crianças seja um elo que dê significado à prática pedagógica nas instituições de Educação Infantil.